ELOGES DE LOVYS LE IVSTE.

OV
SONT REMARQVEZ
*ses faicts Heroïques en son
voyage de Guyenne.*

A LYON,
Chez Claude Armand, dit Alphonse, demeurant en
ruë Ferrandiere, à l'enseigne du Pelican.

M.DC.XXI.
AVEC PERMISSION.

3

ELOGES
DE LOVYS
LE IVSTE.

Où sont remarquez ses faicts Heroïques
en son voyage de Guyenne.

VIERGE par tout recerchee
Inuincible diuinité,
Belle & puissante verité,
Tousiours nous seras-tu cachee
Reuiens de ceste obscure nuict,
Où le silence te reduit,
Deesse de moy tant cherie,
Et viens paroistre dans mes vers:
Comme paroist la flatterie
En mille poëmes diuers.

A 2

C'est au recit des aduentures
De l'incomparable LOVIS,
Que tu peux de faicts inoüys
Estonner les races futures,
C'est pour luy que sans t'offencer:
Je veux vne œuure commencer:
Ou les flateurs auront la honte
Au raport de ses actions,
De voir que ta candeur surmonte
Leur art, & leurs inuentions.

Mais ô Deesse ie m'abuse!
Helas, ie voy bien qu'il me faut
Tomber au contraire defaut
Dont les vers des autres i'accuse:
Mon audace a trop entrepris,
Et recognois que mes escripts
Aux merueilles qu'ils vont d'escrire:
Comme les leurs seront tancez,
Ils le seront pour en trop dire,
Moy pour n'en dire pas assez.

Car

5
Car de quel art peut-on aprendre
O Roy de noz Roys l'ornement,
De raconter fidelement
Ce que l'on ne peut point comprendre
Qui n'est pas contrainct d'aduoüer,
Qu'on ne peut dignement loüer
Ta fortune vrayement estrange,
Et par qui tes premiers combats
Ont porté si haut ta loange
En vn âge encore si bas.

La gloire n'est iamais petite
D'vn Roy dont les bons mouuements
Succedent aux deportements
D'vn Prince de peu de merite:
Mais pour paroistre apres HENRY
De qui le courage aguerry,
Au soustien d'vne cause iuste,
A tousiours braué le hazard:
Faut-il pas estre ce qu'Auguste
Fut autresfois apres Cæsar.

A 3

Qui n'eust pensé que ses conquestes
Nous auoyent mis dedans vn port,
Et toutesfois apres sa mort,
Nous auons veu tant de tempestes,
Que comme il semble à voir les coups,
Que sa valeur a faict pour nous,
Qu'il ne te reste rien à faire,
Pour rendre nostre heur tout parfaict;
A voir tes œuures au contraire,
Il semble qu'il n'auoit rien faict.

Tous ses soings & toutes ses peines,
Qu'il eust pour nostre seureté
Sy tu ne leusses imité,
N'eussent elles pas esté vaines,
Ne mourions nous pas auec luy
Sans ton aide & sans ton apuy:
Ainsi sans mantir ie puis dire,
Quoy qu'il fut tout nostre soustien,
Qu'il n'est pere de c'est Empire,
Que pour auoir esté le tien.

O que

7

Ô que cette Ame genereuse
Gouste maintenant dans les Cieux
Un plaisir bien delicieux,
A voir ta vie aduantureuse,
Quand elle lit dans les destins,
Que desia de tant de matins
Ton bras à la trame coupee,
Par vn courage plus qu'humain,
Et véoit aussi bien son espee:
Comme son sceptre dans ta main.

Et fut sans doute son Genie
Fatal aux esprits factieux,
Qui te rendit ambitieux,
D'aller combatre leur manie:
C'est esprit qui fut sans pareil,
T'inspira c'est heureux conseil
De t'en aller faire cognoistre
A ces courages obstinez,
Que peut la presence du Maistre
Sur des seruiteurs mutinez.

A 4

Iusqu'alors tes bras indomptables,
Auoyent desdaigné de s'armer,
Pour aller eux mesme calmer
Des tempestes moins redoutables:
Mais en cest extreme besoin,
Tu voulus en prendre le soin,
Pour y mettre vn remede extreme,
Et creus c'est orage assez fort,
Pour meriter que ton bras mesme
Y feist vn heroïque effort.

Ainsi quand la vaine entreprise
De ces Monstres audacieux,
Commença d'attaquer les Cieux,
Iupiter rit de leur sottise,
Et remit à Mars le soucy,
De les reduire à sa mercy:
Mais alors qu'il les vit resoudre
A faire leur dernier effort,
Luy mesme s'arma d'vne foudre,
Et luy mesme les mit à mort.

Vit

9

Vit-on iamais la felonie,
Nous alarmer si iustement,
Et toutesfois si promptement,
La vismes nous iamais finie,
Ton seul regard eust le pouuoir
De la ranger à son deuoir,
Et sa cheute fut si soudaine,
Des qu'elle te vit arriuer,
Que ta valeur eust moins de peine,
A la vaincre qu'à la trouuer.

Iamais auecque tant de larmes,
La FRANCE n'auoit redouté,
Les effects de sa cruauté,
Comme en ces dernieres alarmes:
Elle croyoit à ceste fois,
Que l'inconstance des FRANÇOIS
Escumoit sa derniere rage,
Et ses ennemis triomphans
Pensoient luy voir faire naufrage
Dedans le sang de ses enfans.

B

Cette belle paix dont les villes
Prennent leur grace, & leurs beautez,
Fuyoit defia de tous coftez
Au bruit de nos rages ciuilles,
Et colere du peu de cas
Que nous faifons de fes appas,
Quittant le doux air de la FRANCE,
Iuroit que ceft ingrat feiour,
Apres vne fi dure offence,
Ne verroit iamais fon retour.

Mais elle fut bien-toft pariure,
Et des qu'elle t'euft veu courir,
Pour l'aller toy-mefme querir,
Elle euft oublié cefte iniure,
Nous te la vifmes ramener,
Glorieufe de retourner:
Mais eftonnez en ce fpectacle,
Noz yeux penfoyent eftre pipez
Voyants par vn nouueau miracle,
Que Mars nous amenoit la paix.

Qui

II

Qui ne void ô Prince inuincible,
Au cours de tes prosperitez,
Qu'a tes Royalles qualitez:
Rien n'est desormais impossible,
Qui ne iuge sans passion,
Que ceste belle nation,
Qu'vn iniuste excés de licence,
Accabloit sans toy de mal'heur,
N'est pas mieux deuë à ta naissance,
Que tout le monde à ta valeur.

Toutes ces ames glorieuses,
Que la vertu faict renommer:
Se font aussi desestimer,
Par des qualitez vicieuses,
Apres auoir tant combattu
HERCVLE, de qui la vertu
Estoit icy bas sans egale,
Mit-il pas sa gloire au tombeau,
Quand pour coplaire aux yeux d'Om-
Il changea sa masse en fuzeau, (phale

B 2

Achille estoit vaillant & braue,
Il ne perdoit en son courroux.
Alexandre vaillant & doux
De ses plaisirs estoit esclaue.
Ta gloire, ô Prince valeureux
A cest aduantage sur eux,
Qui t'oblige à suiure les traces,
En tous leurs desseins les plus hauts,
Que possedant les mesmes graces,
Tu n'as pas les mesmes deffauts.

Ordinairement la rudesse
Accompagne vn cœur indompté:
Comme vne parfaicte bonté
A volontiers quelque molesse:
Mais nous voyons que dans ton cœur,
Vne douce & masle vigueur,
Y faict vn meslange admirable,
Qui monstre à la rebellion,
Que ta clemence incomparable,
Est la clemence d'vn Lion.

On

13

On n'a iamais veu que ton ame
Ait rien aymé de vicieux,
Pour estre agreable à tes yeux,
Il faut estre exempt de tout blame
Aussi celuy que tu cheris,
Par dessus les plus fauoris
N'a t'il pas faict tousiours paroistre,
Qu'il a tant de grace en soy,
Qu'a peine peut-on recognoistre,
Qui l'ayme plus, le Ciel, ou toy.

L'oisiueté mere du vice
Ne corrompt iamais ton loisir:
Sy tu cours à quelque plaisir,
C'est par quelque honneste exercice,
Ton passetemps est de cercher
Les moyens de nous empescher,
De sortir du port ou nous sommes,
Et par tes assidus trauaux,
Ou tu sauues la vie aux hommes,
Ou tu l'ostes aux animaux.

B 3

La Candeur de ceste ame saincte
De qui tu portes, ô grand Roy
Le nom, la couronne, & la foy,
En tes mœurs est toute depeinte
Imiter sa deuotion.
C'est ta premiere ambition,
Et le soin de suiure sa route
En ton cœur est si bien empraint,
Qu'on sera quelque iour en doute,
Qui des deux LOVYS est le saint.

Toy qui d'vne amour nompareille,
As iusqu'icy guidé ses pas?
O grand DIEV ne sois iamais las,
D'aymer ceste ieune merueille,
Donné à sa rare pieté,
D'vne rare felicité:
Tousiours quelque nouuelle marque,
Et le soin que pour nous sauuer,
Tu mis à faire ce Monarque,
Mets l'encore à le conseruer.

Fay

15

Fay que ceste Nymphe du Tage,
Qui triomphe de son Amour,
Orne ses graces chasque iour
De quelque nouuel aduantage:
Permets que les iours & les nuits,
Coulent pour Elle sans ennuis,
Beny les douceurs de sa couche
D'vn bon-heur qui n'ait point de fin,
Et si quelque douleur la touche
Que ce soit pour faire vn Dauphin.

Dispose nostre frenesie
A se laisser en fin guerir,
Ceste folle humeur de perir
Dont nous auons l'ame saisie,
Mets bas ses perfides guerriers,
Qui pour s'acquerir des lauriers
Empeschent nos iours d'estre calmes,
Et nous fay voir ensepuelis.
Tous ceux qui pour cueillir des palmes
Ozent marcher dessus des Lys.

Mais

Mais ô que mon erreur est grande
O destin ? c'est mal à propos
Que pour fonder nostre repos
Tant de graces ie te demande,
Que LOVYS, viue seulement,
C'est pour ce seul contentement,
Que desormais ie t'importune,
Daigne de le nous accorder,
Apres cela nostre fortune.
N'a plus rien à te demander.

DV PERIER.

www.ingramcontent.com/pod-product-compliance
Lightning Source LLC
Chambersburg PA
CBHW060454050426
42451CB00014B/3325